Direction de la publication : Carine Girac-Marinier
Direction éditoriale : Christine Dauphant
Direction artistique : Cynthia Savage
Iconographie : Marie-Annick Réveillon
Maquette : J²Graph/Jacqueline Gensollen-Bloch
Fabrication : Martine Toudert

L'éditeur remercie Maëva Journo
pour son aide précieuse

ISBN 978-2-03-586316-4

Les Grands Rois
de France

LAROUSSE

21 rue du Montparnasse 75283 Paris Cedex 06

Sommaire

AVANT-PROPOS

L'histoire des rois de France commence avec Clovis, roi des Francs, à une époque où la France unifiée n'existe pas. Louis-Philipe Ier, treize siècles plus tard, roi des français, règne sur un territoire et un pays uni. Entre les deux, le statut du roi et la conception de la royauté ont changé, et la nation française est née.

Sommet de la pyramide féodale, puis considéré comme l'incarnation de Dieu sur Terre, le roi à partir de Louis XVI perd sa légitimité divine et politique.

Cet ouvrage, sans être exhaustif, retrace l'histoire des grands souverains qui contribuèrent à ces évolutions majeures, donnant à la France une identité politique, linguistique et culturelle.

CLOVIS Iᵉʳ

v. 465 - Paris 511

R oi franc devenu le seul maître de la Gaule, Clovis peut aussi être considéré comme le premier « roi de France ». Entraînant son peuple dans la conversion au catholicisme, il jeta les bases de la puissance mérovingienne et de l'Occident chrétien.

⚜ **Clovis le Mérovingien** Clovis, qui appartient à la famille régnante des Merovingi est le fils de Childéric Iᵉʳ à qui il succéda, vers l'âge de quinze ans, comme roi des Francs Saliens de Tournai. En 486, il bat Syagrius à **Soissons**, victoire qui lui permet d'atteindre la Seine. Clovis consacre les années suivantes à une double tâche : conserver le territoire acquis par les armes et enraciner son pouvoir face aux autres chefs barbares. Tantôt, il leur livre

bataille ; tantôt, il se les concilie par une politique d'alliances matrimoniales. Vers 493, il épouse une princesse burgonde, la future sainte Clotilde, alors qu'il a un fils (Thierry) d'une première femme issue de la famille royale des Francs rhénans. Clotilde lui donnera au moins cinq autres enfants.

⚜ Clovis le catholique C'est lors d'une bataille contre les Alamans, vers 495, que Clovis, toujours païen, aurait juré de se convertir au Dieu des chrétiens s'il remportait la victoire. Celle-ci lui étant acquise, il décide de se faire **baptiser**.

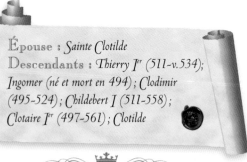

Épouse : *Sainte Clotilde*
Descendants : *Thierry 1ᵉʳ (511-v. 534) ;
Ingomer (né et mort en 494) ; Clodimir
(495-524) ; Childebert 1 (511-558) ;
Clotaire 1ᵉʳ (497-561) ; Clotilde*

Clovis et le vase de Soissons

L'armée de Clovis en campagne faisait son butin du trésor des églises. Après la victoire de Soissons, en 486, un vase « d'une grandeur et d'une beauté merveilleuses » échut à un soldat, qui préféra le briser plutôt que de le rendre à l'évêque du lieu, comme le lui commandait Clovis. Un an plus tard, alors qu'il passait ses troupes en revue, le roi avisa le soldat et, lui reprochant que ses armes étaient mal entretenues, il lui fendit le crâne en déclarant : « Souviens-toi du vase de Soissons ».

Remi, l'évêque de Reims, préside à la cérémonie. Le jour choisi est celui de la nativité du Christ. Le roi peut désormais compter sur le soutien des populations gallo-romaines christianisées, mais surtout sur l'appui des cadres déjà puissants de l'Église.

⚜ Clovis le conquérant Dès 500, Clovis se rallie les Burgondes, dont le roi, son oncle Gondebaud,

13

se convertit aussi au christianisme. Ensemble, ils soumettent définitivement les Alamans (506) et les Wisigoths, à Vouillé. Au retour de cette bataille, il peut savourer son succès. L'empereur d'Orient Anastase Ier l'honore du titre de *patrice*, qui consacre sa prééminence dans l'Occident gaulois. Transférant sa capitale à Paris, Clovis passe les dernières années de son règne à annexer, non sans mal, les petites principautés indépendantes de Gaule du Nord et le royaume de Cologne qui l'empêchaient encore de se faire appeler roi des Francs. Après sa mort, le 27 novembre 511, le royaume qu'il a construit sera partagé, selon la coutume germanique, entre ses fils Thierry, Clodimir, Childebert et Clotaire. Ces derniers confirmeront la domination sur les Gaules de la dynastie que l'on nommera **mérovingienne**.

CHARLEMAGNE
ou Charles Ier le Grand

742 ou 747 - Aix-la-Chapelle 814

Roi franc devenu le maître de l'Europe, Charlemagne fonda l'empire d'Occident au sein duquel s'élaborèrent les nations française, allemande et italienne. Figure tutélaire du monde chrétien de l'époque, il fit de son action au service de la foi l'essence même de sa politique.

❧ **La conquête de l'Europe** Fils aîné de Pépin le Bref et de Bertrade (dite « Berthe au grand pied »), sacré roi des Francs une première fois du vivant de son père (754), puis une seconde fois après la mort de ce dernier (768), Charlemagne se retrouve seul maître du *regnum Francorum* (« royaume des Francs ») lorsque meurt son frère Carloman (771). Il donne alors des assises solides à la nouvelle dynastie, qui portera son nom

(« carolingien » venant de Carolus, « Charles »), tandis que lui-même doit à sa puissance et à son prestige l'épithète de Magnus (« le Grand ») qui lui est attribuée.

Pour agrandir son royaume et en faire la première puissance en Europe, Charlemagne entreprend une politique de **conquêtes** qui doit aller de pair avec l'extension de la chrétienté. Il va mener au total 53 expéditions militaires, en s'appuyant sur des troupes puissantes et nombreuses (peut-être 100 000 hommes, fantassins compris), sans équivalent dans l'Occident d'alors.

Appelé par le pape en Italie du Nord, où les Lombards font peser une menace sur les États de l'Église, Charlemagne s'empare de Pise et se proclame lui-même roi des Lombards (774). Puis, tournant ses forces vers l'est du royaume, il se rend maître de la Frise (785) et de la Bavière (788), mais il ne vient à bout des Saxons qu'en 804. Également victorieux des Avars (796), il impose sa domination aux Slaves établis entre l'Elbe et l'Oder.

❧ La formation de l'empire d'Occident

À la fin du VIIIe siècle, le royaume franc est devenu une entité de près d'un million de km² à laquelle on donne alors le nom d'« empire ». Charlemagne apparaît à la fois comme le souverain de cette nouvelle construction politique et comme le chef de la chrétienté dont les limites ont tendance à se confondre avec celles du *regnum Francorum*. Après avoir accompli trois séjours à Rome (774, 780, 787), il est couronné **empereur** au cours de

Charlemagne

Tu as raison ; mais je ne peux pas, en l'occurrence, faire plus que toi.

Oui mais toi tu es le patron.

son quatrième séjour, le jour de Noël 800, par le pape Léon III à Saint-Pierre.

Dès 794, Charlemagne a fixé sa capitale à Aix-la-Chapelle (en Allemagne), qu'il dote d'un palais et d'une chapelle imités de ceux de Constantinople. À sa cour, il s'entoure de brillants intellectuels. Ces lettrés donnent l'élan à un premier retour vers l'Antiquité, qui reste dans l'histoire sous le nom de « renaissance carolingienne ».

Charlemagne a-t-il inventé l'école ?

Il existait des écoles rurales depuis le début du Moyen Âge. Ce que fit Charlemagne fut de les généraliser en décidant d'en créer dans tous les évêchés et dans tous les monastères (789). Son but était de former un clergé sachant lire la Bible et chanter la messe. Dans son palais même, la *schola* rassemblait les scribes et les chantres apprenant leur métier.

Dans leur volonté de faire renaître l'Empire romain, ils poussent l'empereur à poursuivre l'unification administrative et législative des territoires dont il a la charge.

harlemagne après avoir divisé son empire en trois cent comtés, fait nommer à leur tête des **missi dominici** (« envoyés du maître »), qui effectuent leurs missions à deux (un clerc et un homme d'Église). Il édicte ses ordonnances et règlements, en matière civile et religieuse, sous la forme de **capitulaires** (ainsi nommés parce qu'ils sont organisés en articles [capitula]), que sont chargées d'élaborer les assemblées de grands et de prélats convoquées au printemps et à l'automne. Parallèlement, on unifie le système monétaire autour du denier d'argent. Chef de l'Église franque, l'empereur préside les conciles.

❧ <u>Le legs de Charlemagne</u> Dès 781, Charlemagne a confié à ses fils cadets le gouvernement des deux royaumes les plus excentrés : l'Aquitaine à Louis et l'Italie à Pépin. Ce n'est qu'en raison de la mort prématurée de Pépin (810) et du fils aîné, Charles (811), que Louis Ier le Pieux – couronné du vivant de son père en 813 – se retrouve à la tête de l'empire. Mais celui-ci est déjà menacé par d'évidentes forces d'éclatement. La noblesse, soumise aux liens de vassalité instaurés par Charlemagne, a obtenu en échange des terres qui seront à l'origine de la puissance des féodaux. La succession même de Charlemagne, marquée par les luttes entre ses petits-fils, aboutira à la division du monde franc au traité de Verdun (843). Le souvenir de Charlemagne se perpétuera jusqu'au cœur du Moyen Âge, surtout dans les chansons de geste comme *la Chanson de Roland*.

PHILIPPE II
Auguste

Paris 1165 - Mantes 1223

Premier souverain officiellement reconnu comme roi de France – et non plus des Francs –, Philippe II fit triompher la monarchie capétienne à Bouvines. Artisan d'une importante extension du domaine royal, il fut considéré à l'égal d'un empereur et entra ainsi dans l'histoire sous le nom d'« Auguste ».

⚜ Le fils « donné par Dieu » Né le 21 août 1165, Philippe est le fils longtemps attendu de Louis VII, dont les trois épouses – la première étant Aliénor d'Aquitaine – n'ont eu jusque-là que des filles. Fils d'Adèle de Champagne, il sera surnommé affectueusement Dieudonné. Dès que sa majorité est proclamée (1179), il est couronné roi par son père. À la mort de ce dernier, en 1180,

il a tout juste 15 ans. Il est déjà marié à Isabelle de Hainaut, lointaine descendante de Charlemagne. Après avoir mis au pas la noblesse féodale, Philippe Auguste compte s'attaquer aux possessions françaises – allant de la Gascogne à la Normandie – du roi d'Angleterre Henri II Plantagenêt et,

pour cela, tirer parti de la mésentente entre Richard Cœur de Lion, qui succède à Henri II en 1189, et son frère Jean sans Terre. Avec Richard, il prend part à la troisième croisade, mais, revenant de Terre sainte le premier, il envahit la Normandie. Dès son retour, Richard engage les hostilités et remporte plusieurs victoires, avant de trouver la mort en 1199. C'est sous le règne de Jean sans Terre que le roi de France réussit à enlever aux Plantagenêts la Normandie (1204), puis le Maine, l'Anjou, la Touraine et la majeure partie du Poitou (1206).

24

✤ **Le vainqueur de Bouvines** Non seulement Philippe Auguste maintient les institutions des Plantagenêts dans ses nouveaux domaines, mais il les étend aux plus anciens, où les **baillis**, selon l'usage anglo-saxon, deviennent les principaux agents de l'administration royale. D'une part, le roi s'est aliéné la papauté depuis qu'il a répudié, en 1193, sa deuxième épouse, Ingeborge de Danemark (née vers 1175). D'autre part, Jean sans Terre a suscité une coalition anticapétienne dont font partie son neveu Otton IV de Brunswick, empereur germanique, et de puissants vassaux du roi de France, les comtes de Flandre et de Boulogne. Cette coalition, forte de 80 000 hommes, et l'armée de Philippe

> « *Seigneurs, vous êtes mes hommes et je suis votre sire.* »
>
> Philippe Auguste exhortant ses chevaliers à la bataille de Bouvines.

Une répudiation surprise !

Marié en 1180 à Isabelle de Hainaut, Philippe Auguste était veuf depuis trois ans lorsque, le 14 août 1193, il épousa Ingeborge, la sœur du roi de Danemark, avec lequel il désirait faire alliance. À la stupéfaction générale, il répudia la nouvelle reine de France aussitôt après leur nuit de noces. La cause en fut-elle une soudaine impuissance du roi ? Ou bien la colère, motivée par le refus des Danois de s'allier avec lui pour combattre l'ennemi anglais ?

En 1196, Philippe Auguste prit une troisième femme, Agnès de Méran, fille d'un grand seigneur bavarois. Le pape Innocent III s'emporta et obligea le roi à rappeler Ingeborge. En fait, celle-ci ne fit que quitter un couvent pour entrer dans une forteresse, à Étampes. Ce n'est qu'en 1213 qu'elle reprit sa place à la cour, après la mort d'Agnès de Méran, en 1201.

Auguste, comprenant à peine 25 000 hommes – dont 1 200 chevaliers –, se livrent bataille à **Bouvines**, le 27 juillet 1214 – un dimanche, ce qui enfreint la « paix de Dieu » obligeant à la trêve en ce jour sacré. Le roi de France y remporte ce qui reste comme la première victoire nationale.

Acclamé lors de son retour à Paris, Philippe Auguste doit au coup d'éclat de Bouvines de connaître une fin de règne tranquille et glorieuse. Conscient que l'autorité monarchique est établie, il ne fait pas sacrer son fils de son vivant. Il meurt à près de 58 ans, le 14 juillet 1223. Après le règne de Louis VIII, c'est son petit-fils, Saint Louis, qui fera du royaume de France la puissance européenne dont il a posé les fondements.

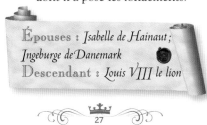

Épouses : *Isabelle de Hainaut* ;
Ingeburge de Danemark
Descendant : *Louis VIII le lion*

LOUIS IX
ou Saint-Louis

Poissy 1214 ou 1215 - Tunis 1270

anonisé vingt-sept ans seulement après sa mort, Louis IX fut l'un des plus grands souverains de la dynastie capétienne. Convaincu de la prééminence absolue du pouvoir royal, et réputé pour sa sagesse, il sut imposer son idéal de justice chrétienne.

❧ **La réforme du royaume** Fils de Louis VIII, Louis IX n'a que 12 ans à son avènement. Dès les premières années de son règne, sa mère, Blanche de Castille, qui exerce la régence, doit mater une grave révolte féodale et mettre au pas le Languedoc albigeois (traité de Paris, 1229). En 1234, elle marie son fils à Marguerite de Provence et, bien qu'à cette date la majorité du roi soit proclamée, elle continue à conduire les affaires jusqu'en 1242.

Après avoir triomphé d'une révolte des barons du Midi et de l'Ouest, il peut mener à bien la réforme administrative entreprise par Philippe Auguste et par Louis VIII. L'autorité monarchique est restaurée dans tous les domaines. Louis IX réforme la monnaie royale et décide qu'elle aura cours sur tout le territoire. Il s'efforce de faire appliquer la législation royale dans les grands fiefs et assure la supériorité de sa justice sur celle des seigneurs. L'immense réputation de sagesse et de sainteté qu'il acquiert lui vaut l'estime générale et fait du roi l'arbitre désigné de nombreux conflits ; son image de juge souverain, trônant sous un chêne dans son domaine de Vincennes, est restée célèbre. Sous son influence, l'antique cour féodale se transforme. Il jette les bases du parlement ainsi que celles de la Cour des Comptes. Enfin, le roi fait

édifier la Sainte-Chapelle, la Sorbonne et les Quinze-Vingts. À l'extérieur, Louis IX cherche tout à la fois à protéger son royaume et à prêcher la concorde pour « le bien de la paix ».

⚜ **Le vœu de croisade** Conformément au vœu qu'il a fait alors qu'il est gravement malade, Louis IX prend la tête de la septième **croisade**. Il s'embarque à Aigues-Mortes en août 1248, dans l'in-

La canonisation de Louis IX

Proche de la spiritualité franciscaine, Louis IX mena une vie frugale et pratiqua les jeûnes les plus austères. En 1297, le pape Boniface VIII proclama la canonisation de Louis IX, dont la fête fut fixée au 25 août, jour anniversaire de sa mort. Saint laïc dont les reliques provoquèrent l'afflux de pèlerins à Saint-Denis, le roi fut aussi un saint politique dont la mémoire joua un rôle essentiel dans l'émergence de la nation française.

tention d'anéantir l'Égypte, principal centre de la puissance musulmane. Les croisés sont battus à Mansourah en février 1250, et le roi est fait prisonnier. Libéré contre une lourde rançon, il passe quatre ans en Syrie, fortifie les villes tenues par les croisés et rachète un grand nombre de captifs.

Revenu en France en raison du décès de sa mère (novembre 1252), à laquelle il avait laissé la régence, Louis souhaite organiser une autre expédition, sans soulever l'enthousiasme parmi les seigneurs. La huitième croisade se met pourtant en place et quitte Aigues-Mortes le 1er juillet 1270, en direction de Tunis. Peu après le débarquement à Carthage, l'armée des croisés est victime de la **peste**. Le roi en meurt lui-même le 25 août 1270.

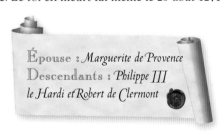

Épouse : *Marguerite de Provence*
Descendants : *Philippe III le Hardi et Robert de Clermont*

PHILIPPE IV
Le Bel

Fontainebleau 1268 – id. 1314

Bâtisseur d'une monarchie moderne et toute-puissante, Philippe le Bel fut le premier roi de France qui, par son mariage, devint aussi roi de Navarre. Il mena une lutte historique contre le Saint-Siège, qui finit par se placer directement sous sa tutelle en quittant Rome pour Avignon.

⚜ **Saint Louis pour modèle** Fils de Philippe III le Hardi et d'Isabelle d'Aragon (1247-1271), Philippe n'a que 17 ans à son avènement. Marié à Jeanne Ire de Navarre (1271-1305), qui lui apporte la Champagne, il aura sept enfants. Trois seront rois de France : Louis X le Hutin, Philippe V le Long et Charles IV le Bel. Une fille, Isabelle de France, mariée à Édouard II, régnera sur l'Angleterre.

Le jeune souverain prend pour modèle son grand-père Saint Louis, dont la mémoire habite encore tous les esprits. Convaincu d'être lui aussi un élu de Dieu, il manifeste en tout piété et rigueur : c'est ainsi qu'il s'entoure d'hommes de loi, les « légistes », tels Pierre Flote, Guillaume de Nogaret ou Enguerrand de Marigny. Il s'inspire aussi des enseignements de son précepteur, Gilles de Rome (1247-1316), qui écrit à son intention le traité *Du gouvernement des princes*.

❧ **Les défis à l'Église** La haute idée que Philippe le Bel se fait de la fonction monarchique le conduit à heurter de front l'autorité du pape – Boniface VIII depuis 1294 –, Rome affirmant la supériorité du pouvoir spirituel sur le pouvoir temporel et le roi se voulant l'« unique pasteur de tous ». La querelle éclate en 1296, lorsque Philippe le Bel tente de lever pour son compte les impôts (décimes) que le clergé français verse pour financer la croisade.

Elle rebondit en 1301, au moment où Bernard Saisset, nommé évêque de Pamiers sans l'accord du roi, est accusé de trahison et jugé. Sur le point d'être excommunié, Philippe le Bel se rallie au plan de Guillaume de Nogaret, qui est à l'origine de l'« attentat d'Anagni » (1303) : Boniface VIII est arrêté et sans doute molesté. En 1309, Clément V établira la papauté en Avignon.

Dans l'affaire des **Templiers**, qui sont les banquiers de la chrétienté, l'Église est indirectement en cause. Également créanciers de la Couronne, les Templiers ont acquis une puissance que Philippe le Bel est décidé à abattre.

En 1307, ses principaux chefs sont arrêtés sous les pires accusations. Mal défendus par le pape Clément V, après un procès inique, beaucoup sont brûlés en 1310 puis en 1314 pour les derniers.

⚜ <u>L'émergence d'un État moderne</u> Philippe le Bel a pourtant besoin d'argent. Bien qu'il n'entreprenne ni guerre de conquête ni croisade, sa politique militaire, due notamment à ses interventions contre les milices urbaines de Flandre, représente une source de dépenses importantes.

Les revenus du domaine royal étant insuf-

Épouse : *Jeanne Ire de Navarre*
Descendants : *Sept enfants dont trois seront rois de France, Louis X le Hutin (1314-1316), Philippe V le Long (1316-1322), Charles IV le Bel (1322-1328) ; Isabelle de France*

> « *C'est le plus bel homme du monde, mais il ne sait que regarder les gens en face, sans parler [...]. C'est une statue.* »
>
> Bernard Saisset, évêque de Pamiers, dénonçant la froideur de Philippe le Bel.

fisants, il a recours aux emprunts, aux expédients – qui le font traiter de « faux-monnayeur » –, et aux mesures de spoliation au détriment des Juifs et des Lombards. C'est toutefois pour obtenir le droit de procéder à de nouvelles levées d'impôts réguliers qu'il convoque, en 1314, les états généraux du royaume. De ce fait, il amorce un mouvement qui va perdurer, celui du dialogue entre le roi, de plus en plus présent par l'intermédiaire de son administration (chancellerie, hôtel du roi), et les corps privilégiés (clergé, noblesse, bourgeoisie), qui se sentent désormais concernés par le gouvernement du royaume. En ce sens, le règne de Philippe le Bel représente un grand pas vers l'État moderne.

LOUIS XI

Bourges 1423 - Plessis-lez-Tours 1483

Homme au physique ingrat, surnommé l'« universelle araignée » en raison de son tempérament enclin à la ruse, Louis XI fit preuve d'une grande intelligence politique. Son règne fut marqué par l'agrandissement du royaume et par le renforcement de l'autorité monarchique.

❧ **La politique d'unification territoriale** Fils de Charles VII et de Marie d'Anjou, né le 3 juillet 1423, Louis XI est élevé au château de Loches par un précepteur gallican et par un gouverneur dévot. Marié à Marguerite d'Écosse (1424-1445) en 1436, il se heurte à l'opposition de la haute noblesse dès son accession au trône. Il monte aussi les vassaux les uns contre les autres, renvoie les conseillers de Charles VII et rachète à Philippe le Bon, duc

Les fillettes de Louis XI

Vivant dans la crainte permanente de la perte de son autorité, Louis XI céda, à la fin de sa vie, à une paranoïa qui le poussait à soumettre ses sujets à d'horribles supplices. L'un des plus connus est celui de la cage de fer suspendue à une chaîne : le cardinal Jean Balue (vers 1421-1491), Premier ministre déchu, y fut enfermé pendant onze ans (1469-1480) et attaché par d'énormes chaînes qu'on appelait les « fillettes du roi ». Les exécutions pour motif politique furent nombreuses. L'époque, il est vrai, était friande de ces spectacles sanglants, qui donnaient lieu à un rituel préétabli.

de Bourgogne, les villes de la Somme cédées au traité d'Arras (1435), provoquant le mécontentement du fils de Philippe, Charles le Téméraire. Ces manœuvres aboutissent, en 1465, à la constitution

de la **ligue du Bien public**, dont les chefs sont le frère du roi, Charles de Berry, le duc de Bretagne, le duc de Bourbon, mais dont l'âme est Charles le Téméraire. Après la bataille de Montlhéry (juillet 1465), le roi doit renoncer aux villes de la Somme.

Reprenant aussitôt l'offensive, Louis XI étend sa souveraineté à la Normandie (1466) et réduit à sa merci le duc de Bretagne (1468). À Péronne, où il rencontre Charles le Téméraire – devenu duc de Bourgogne en 1467 –, il prétend négocier avec lui ; mais Charles, apprenant que les Liégeois se sont révoltés au nom du roi de France, contraint ce dernier, qu'il retient prisonnier, à signer un traité qui octroie la Champagne à son frère Charles de France et à participer à la répression du soulèvement liégeois. Le roi, libéré à de très dures conditions, proclame qu'il n'a pas à respecter des engagements extorqués par la force.

> « *En politique, il faut donner ce qu'on n'a pas, et promettre ce qu'on ne peut pas donner.* »
>
> Louis XI.

Louis XI dénoue l'alliance de Charles le Téméraire avec l'Angleterre et réalise l'union des cantons suisses et de la Lorraine contre Charles qui est vaincu et tué (1477).

⚜ L'affermissement du pouvoir royal À l'intérieur, Louis XI limite autant qu'il le peut les pouvoirs des grands corps politiques et administratifs. Il met au pas le clergé et intervient dans le recrutement épiscopal, tout en poursuivant une politique plus souple à l'égard de Rome. Il ne réunit les états généraux qu'une seule fois, en 1468, et leur refuse tout rôle politique. Soucieux d'amoindrir la part de la noblesse dans la conduite de la guerre, il poursuit la réorganisation de l'armée royale, entre-

prise par Charles VII : les compagnies d'ordonnance deviennent plus nombreuses et les artilleurs sont bien entraînés et groupés en corps spéciaux. Louis XI parvient à financer ses réformes en levant d'importants impôts.

En 1467, Louis XI favorise le renouveau économique du royaume en installant à Lyon des ouvriers italiens pour la fabrication de soieries ; il fait de même à Tours, en 1470. En 1475, il cherche à créer une monnaie forte, l'écu au soleil. En matière de commerce, il s'efforce de lutter contre les Vénitiens (annexion du port de Marseille). Il crée les premières postes, ainsi que de nouvelles foires (Lyon, Caen, Rouen), et introduit l'imprimerie à Paris (1479).

Épouses : *Marguerite d'Écosse ; Charlotte de Savoie*
Descendant : *Charles VIII*

FRANÇOIS Iᵉʳ

Cognac 12 septembre 1494 -
Rambouillet 31 mars 1547

« **R**oi-Chevalier », François Iᵉʳ fut à la fois le bâtisseur d'un État moderne et le fondateur de l'absolutisme monarchique. En trente-deux ans de règne, qui marquèrent les débuts de la vie de cour en France, il favorisa aussi le plein essor de la Renaissance venue d'Italie.

⚜ **Le premier monarque de la Renaissance française** François Iᵉʳ est le fils de Charles d'Orléans, comte d'Angoulême, et de Louise de Savoie. Le 1ᵉʳ janvier 1515, il succède à son cousin Louis XII, dont il a épousé la fille Claude (1514). Veuf en 1524, il se remarie en 1530 avec Éléonore de Habsbourg, sœur de Charles Quint. De sa pre-

mière femme, il a eu sept enfants, dont le futur Henri II. Homme de la **Renaissance**, le souverain en a tous les caractères : la prestance majestueuse, le goût du faste, la bravoure au combat et en tournoi, l'adresse à la chasse et au jeu de paume. Ses favorites exerceront une influence politique : la comtesse de Châteaubriant (Françoise de Foix [vers 1495-1537]), puis la duchesse d'Étampes (Anne de Pisseleu [1508-1580]).

Protecteur des arts et des lettres, François Ier est un roi-bâtisseur, qui fait transformer les résidences de la cour (Blois, premier des « **châteaux de la Loire** »), ou en fait édifier de nouvelles (Chambord, chef-d'œuvre de la première Renaissance). Il fait appel à de grands artistes italiens – le Rosso, le Primatice, Sebastiano Serlio, Nicolo dell'Abate – pour décorer le château de

Fontainebleau, qui devient le creuset de la seconde Renaissance française où s'épanouira l'école dite « de Fontainebleau ». Également invité par le roi, **Léonard de Vinci** séjourne au manoir du Cloux (le Clos-Lucé), près d'Amboise ; il y conçoit des projets de canaux et d'écluses, ainsi que les plans d'un vaste château à galerie et ceux d'un jardin d'eau (pour Romorantin). François Ier encourage par ailleurs le travail des humanistes (Guillaume Budé), protège les écrivains (Marot) et fonde le futur Collège de France (1529).

⚜ **Autorité monarchique et croissance économique** François Ier gouverne avec l'appui d'un petit nombre de confidents (dont le cardinal Duprat et le duc Anne de Montmorency) et de quatre secrétaires aux finances (futurs secrétaires d'État). Il brise les prétentions politiques du parlement et achève l'unification de la France en confisquant les fiefs du connétable de Bourbon (1531),

Le français devient la langue officielle du royaume

C'est **l'ordonnance de Villers-Cotterêts**, en 1539, qui imposa la rédaction en français des actes judiciaires et notariés. Par cette décision, François Ier précipita l'unité linguistique du royaume. Malgré tout, les diversités demeurèrent dans une France toujours divisée en deux zones : celle de la langue d'oc au sud et celle de la langue d'oïl au nord, elles-mêmes partagées en de multiples dialectes et patois.

Dans la moitié sud, on parlait le provençal, le limousin, le languedocien, le béarnais, le gascon, le catalan ; dans la moitié nord, le picard, le wallon, le normand, le franc-comtois… – sans compter les langues qui n'étaient pas issues du latin : le breton, le basque et certains idiomes germaniques. Il fallut encore des siècles pour que les Français parlassent tous la même langue.

puis en rattachant définitivement la Bretagne au royaume (1532). Il réorganise les finances royales et réforme la justice par **l'ordonnance de Villers-Cotterêts** (1539). Par le concordat de Bologne (1516), il s'assure de la nomination des ecclésiastiques. D'abord tolérant à l'égard des réformés, le souverain pratique une politique antiprotestante après l'affaire des Placards (1534) et, considérant l'unité de foi comme le fondement le plus solide de l'unité de l'État, il choisit la voie de la répression (édit de Fontainebleau, 1540), qui conduit au massacre des hérétiques vaudois (1545).

Dans le domaine économique, le règne de François Ier se place dans une période de prospérité, due au triple essor de la démographie, de la production et de la circulation monétaire.

 **La lutte contre l'Empire** François Ier consacre une grande partie de son règne à la guerre extérieure. L'année même de son avène-

« *Toute femme varie.* »

Rapporté par Brantôme, dans *Vies des dames galantes*. Le mot avait été gravé par François Ier sur le côté gauche de sa chambre à Chambord.

ment, il remporte la victoire de **Marignan** (septembre 1515) et reconquiert le Milanais, perdu sous Louis XII. Lorsque Charles Ier d'Espagne accède – sous le nom de **Charles Quint** – à la couronne impériale (1519), qu'il lui avait âprement disputée, le roi cherche l'appui d'Henri VIII d'Angleterre (entrevue du Camp du Drap d'or, 1520), puis engage les hostilités contre l'empereur, dont les possessions risquent d'encercler la France. Battu à Pavie, où il est fait prisonnier (1525), il renonce à ses prétentions sur l'Italie, à sa suzeraineté sur la Flandre et sur l'Artois, et abandonne la Bourgogne à Charles Quint (traité de Madrid, 1526).

Une fois libéré (mars 1526), François Ier reprend la guerre en Italie (1527) et, en vertu du traité de Cambrai (ou paix des Dames, 1529), il retrouve la Bourgogne, mais renonce de nouveau à l'Italie. Au grand dam de la chrétienté, il fait alliance avec les princes protestants allemands (1532) et avec les Turcs de Soliman le Magnifique (1535). Puis, au prix de deux nouvelles guerres – dont l'issue n'est pas décisive –, la France conserve la Bourgogne, mais abandonne la Savoie et renonce, une fois de plus, à la Flandre et à l'Artois (1544). À la veille de sa mort, François Ier est ainsi parvenu à limiter la puissance impériale, mais il n'a pas réalisé son rêve italien.

Épouses : *Claude ; Éléonore de Habsbourg*
Descendants : *Sept enfants dont le futur Henri II (1547-1559)*

HENRI IV

Pau 14 décembre 1553 -
Paris 14 mai 1610

Premier des Bourbons, le roi de France Henri IV fut aussi « Henri le Grand » pour ses sujets, auxquels il apporta la paix après trois décennies de guerre civile. Par son seul prestige, il restaura l'autorité de la monarchie et procura à celle-ci de solides fondements.

Le chef du parti huguenot Fils d'Antoine de Bourbon et de Jeanne III d'Albret, reine de Navarre, Henri IV est élevé dans la foi calviniste et, dès son adolescence, il participe aux guerres de Religion. À 16 ans, il prend le commandement de l'armée des **protestants** et, sous la tutelle de l'amiral de Coligny, devient le chef du parti huguenot. Roi de Navarre à la mort de sa mère (1572), il épouse

Marguerite de Valois, fille d'Henri II et de Catherine de Médicis. La même année, échappant au massacre de la **Saint-Barthélemy**, il abjure une première fois le protestantisme. Il y revient toutefois dès 1576 et reprend les armes.

En 1584, à la mort du duc d'Alençon, Henri de Navarre devient l'héritier présomptif de la couronne de France. Mais la Ligue, conduite par le duc de Guise (Henri Ier), lui oppose son oncle, le cardinal de Bourbon. Allié aux puissances protestantes européennes, Henri de Navarre riposte à son exclusion du trône et, en chef de guerre avisé, remporte la victoire de Coutras (1587). Puis il se rapproche d'Henri III, qui le reconnaît comme son successeur légitime.

❧ Le maître d'œuvre de la paix religieuse À la mort d'Henri III (2 août 1589), Henri de Navarre monte sur le trône sous le nom d'Henri IV. Mais

seules cinq villes reconnaissent l'autorité d'un roi huguenot. Vainqueur à Arques (septembre 1589) et à Ivry (mars 1590), Henri IV est cependant obligé de lever le siège de Paris (août 1590), qui est secourue par l'armée espagnole d'Alexandre Farnèse.

Le parti des catholiques royaux est prêt à se rallier au roi légitime pourvu qu'il se convertisse au catholicisme. Sous l'influence grandissante de ce parti, Henri IV **abjure** solennellement le protestantisme en la basilique de Saint-Denis, le 25 juillet 1593. Cet acte lui permet de se faire sacrer à Chartres (25 février 1594), puis d'entrer dans Paris. Après avoir conclu la paix avec l'Espagne (Vervins, 1598), le génie politique d'Henri IV le

« *Paris vaut bien une messe.* »

Propos (sans doute apocryphe) attribué à Henri IV.

pousse à rechercher la paix intérieure, qui est scellée par **l'édit de Nantes** (13 avril 1598) mettant fin aux guerres de Religion, et à donner des gages aux catholiques : en 1600, il épouse Marie de Médicis ; en 1603, il rappelle les jésuites bannis depuis 1594.

⚜ <u>Le restaurateur de l'État monarchique</u>

Le règne d'Henri IV est une étape décisive dans l'instauration de l'absolutisme : le souverain gouverne et décide seul, et impose au parlement l'enregistrement de ses édits. Les états provinciaux et les administrations municipales sont étroitement surveillés et la haute noblesse est écartée du pouvoir.

Par ailleurs, Henri IV fait une priorité du redressement économique et financier du royaume. Une fois la paix revenue, Sully, son principal ministre, parvient à équilibrer le budget (1601-1610) et à constituer des réserves. L'œuvre de rénovation urbaine est un autre témoignage à la fois du redressement de la France et de l'absolutisme monarchique.

Le vert galant

Voilà un surnom flatteur, et bien mérité par un roi qui proclamait : « Je fais la guerre, je fais l'amour et je bâtis. » La verdeur et la galanterie d'Henri IV restent légendaires, et, tout en portant beaucoup d'affection à Marie de Médicis, le roi eut de nombreuses maîtresses (on lui en attribue aujourd'hui plus d'une trentaine). La belle **Gabrielle d'Estrées**, qui fut la plus célèbre des favorites d'Henri IV, lui donna trois enfants. Le roi s'éprit aussi de Charlotte des Essarts, dont il eut deux filles, d'Henriette d'Entraygues, dont il eut deux enfants, ou encore de Jacqueline de Bueil, dont il eut un fils.

⚜ **Le roi assassiné** À l'extérieur, Henri IV jette les bases de la Nouvelle-France au Canada en soutenant l'expédition de Champlain, qui fondera

Québec (1608). Au terme d'une brève guerre avec la Savoie, il renforce ses frontières de l'Est. Allié aux cantons suisses (1601), puis aux princes protestants allemands de l'Union évangélique (1608), il se résout à la guerre contre les Habsbourg d'Autriche et d'Espagne. La perspective de cette guerre déclarée à des monarchies catholiques explique peut-être le geste de **Ravaillac**, qui, probablement manipulé par d'anciens ligueurs, assassine le roi en le poignardant rue de la Ferronnerie.

À la mort d'Henri IV, la royauté a retrouvé sa puissance et le pays, sa prospérité ; la population s'accroît et les villes sont en plein essor.

Épouses : *Marguerite de Valois, « la reine Margot » ; Marie de Médicis*

Descendant : *Louis XIII le Juste (1610-1643)*

LOUIS XIII
le Juste

Fontainebleau 27 septembre 1601 -
Saint-Germain-en-Laye 14 mai 1643

Le règne de Louis XIII est indissociable de l'action de Richelieu, son principal ministre. Soucieux de la grandeur de l'État, ils instaurèrent l'absolutisme monarchique dans un pays qui occupait le premier rang en Europe.

⚜ **Le roi et la reine mère** Fils aîné d'Henri IV et de Marie de Médicis, Louis XIII n'a que 9 ans à la mort de son père (1610). Sa mère, qui exerce la **régence** – tout en laissant le pouvoir à Concini – jusqu'à la majorité du roi (1614), marie ce dernier en 1615 à Anne d'Autriche (dont il aura deux fils, Louis XIV et Philippe d'Orléans). Tenu à l'écart du gouvernement, mais pénétré du sentiment de la grandeur royale, Louis XIII souffre de cette humi-

liation. En 1617, sur les conseils du duc de Luynes, il fait assassiner Concini – aussitôt remplacé par Luynes –, puis évince les ministres de sa mère. C'est alors que se produisent de nouvelles révoltes des grands, appuyés par la reine mère, et une nouvelle guerre de Religion, marquée par le siège de Montauban (1621).

Après la mort de Luynes (1621) et plusieurs années de troubles (1621-1624), le roi donne le pouvoir à **Richelieu**. Bien qu'il se défie du cardinal, protégé de sa mère, il l'appelle au Conseil le 29 avril 1624. Devenu principal ministre quatre mois plus tard, Richelieu le demeurera jusqu'à sa mort. Louis XIII suivra ses conseils, malgré les intrigues de sa mère et de son frère, Gaston d'Orléans (journée des Dupes, 1630).

⚜ Le double gouvernement La nouvelle forme de gouvernement – le **ministériat** – qui s'établit dans le royaume est fondée sur « l'étroite associa-

tion du roi et de son ministre, leur collaboration et mutuelle confiance » : Richelieu (« souverain confident ») suggère au roi les décisions qui s'imposent, mais Louis XIII est seul à les prendre ; le ministre puise sa puissance dans la confiance du roi, qui lui délègue l'autorité.

> *« L'amour est le roi des jeunes gens et le tyran des vieillards. »*
>
> Louis XIII.

À l'intérieur, Louis XIII et Richelieu mettent au pas la noblesse et rétablissent le pouvoir royal, notamment en créant le corps des intendants. Le roi et son ministre développent également la marine et le commerce. La lutte contre les protestants, qui culmine en 1628 avec la prise de La Rochelle et l'édit d'Alès (1629), est autant une croisade religieuse qu'un enjeu dans le cadre de la rivalité com-

Le journal de Jean Héroard

Médecin du roi, Jean Héroard (1551-1628) consigna jour après jour les événements privés de la vie de Louis XIII, de sa naissance à sa vingt-septième année : ses levers, ses repas, ses jeux, son état de santé, le temps de présence de ses parents auprès de lui (346 jours pour la reine de 1602 à 1606), l'intimité de son corps. On sait que dans la première année de son existence, le mot « lavé » n'apparaît qu'une fois, de même que le mot « baigné ».

merciale avec l'Angleterre. En engageant la France dans la **guerre de Trente Ans** (1635), Richelieu et Louis XIII déséquilibrent le budget : les impôts et la misère provoquent de sanglantes jacqueries.

⚜ **La puissance française** À la fin de son règne, Louis XIII laisse un royaume sensiblement

agrandi. Ainsi, en 1643, la France domine au nord, en Artois, et à l'est, en Lorraine. Elle occupe le Roussillon et tient des places fortes en Piémont. Ses frontières sont mieux assurées, et des alliances solides avec le Portugal, la Suède, les principautés protestantes d'Allemagne et la Bavière complètent ce système de défense.

En soutenant la politique de Richelieu, Louis XIII a irréversiblement engagé le royaume dans la voie de la souveraineté absolue de l'État ; l'autorité du monarque et de ses fonctionnaires s'est solidement installée aux dépens de tous les anciens privilégiés.

Épouse : *Anne d'Autriche*
Descendants : *Louis XIV*
le Grand (1643-1715) ;
Philippe d'Orléans

LOUIS XIV
le Grand, *dit* le Roi-Soleil

Saint-Germain-en-Laye 5 septembre 1638 -
Versailles 1ᵉʳ septembre 1715

Louis XIV – dont le règne de soixante-douze ans fut le plus long de l'histoire de France – fit du XVIIᵉ siècle le « Grand Siècle », celui de l'apogée de la monarchie française, et de Versailles, le haut lieu de la culture classique. En élevant la fonction royale au-dessus des lois humaines, il donna toute sa plénitude à la monarchie de droit divin.

⚜ **Le gouvernement de Mazarin** Fils de Louis XIII et d'Anne d'Autriche, Louis XIV est à peine âgé de 5 ans lorsqu'il accède au trône. Il est alors placé sous la double influence de la reine mère, qui exerce la **régence**, et de **Mazarin**, qui a rang de Premier ministre ; ce dernier gouvernera le

royaume jusqu'à sa mort (1661), bien que la majorité du roi soit proclamée en 1651.

À l'extérieur, la France rétablit son prestige et conclut avec l'Espagne le traité des Pyrénées (1659), qui lui permet d'obtenir le Roussillon, l'Artois et plusieurs places fortes dans le Nord ; la paix entre les deux royaumes est en outre scellée par le mariage de Louis XIV avec l'infante Marie-Thérèse d'Autriche (1660). À l'intérieur, les troubles qui éclatent traduisent la misère du peuple consécutive aux désastres de la guerre de Trente Ans et à une grave crise agricole (1657-1662). Marqué par les événements de la **Fronde** (1648-1653), le roi est décidé à ne plus transiger sur ses prérogatives. Dès la mort de Mazarin, il gouverne seul et rompt avec le régime du ministériat instauré en 1624.

⚜ La monarchie absolue de droit divin

Louis XIV considère que le roi, « lieutenant de Dieu sur la Terre », est inspiré dans la conduite

des affaires par les lumières divines. « Seigneur absolu », il dispose de tous les biens de ses sujets, et ces derniers doivent lui « obéir sans discernement ». Secondé par Colbert, Louis XIV réforme ainsi le gouvernement et entreprend la centralisation de l'Administration. Écartant le haut clergé et la noblesse d'épée, il choisit un petit nombre de collaborateurs parmi la noblesse de robe et la bourgeoisie. Après avoir fait condamner l'ambitieux Fouquet (1664), il s'appuie sur quelques dynasties ministérielles sûres comme celles des Colbert et des Le Tellier (Louvois). Les provinces sont soumises à l'étroit contrôle des intendants ; durant tout le règne, les états généraux seront ignorés et les parlements humiliés.

En matière religieuse, Louis XIV exige la même soumission à sa volonté. Il affirme son indépendance à l'égard de la papauté et son autorité sur l'Église de France. Hostile aux jansénistes, Louis XIV les prive de l'abbaye de Port-Royal.

À l'égard des protestants, il adopte une politique tout aussi répressive qui culmine, en 1685, par la révocation de l'édit de Nantes. Dès lors, le protestantisme n'a plus d'existence légale en France.

⚜ **Le mécénat d'État** Mécène également absolu, Louis XIV favorise l'essor du classicisme dans les lettres et les arts. L'Académie royale de peinture et de sculpture est réorganisée en 1655, puis sont créées l'Académie royale de danse (1661), l'Académie des inscriptions et belles-lettres (1663), l'Académie royale de musique (1669), l'Académie royale d'architecture (1671), tandis que l'Académie de France à Rome voit le jour en 1666.

À Versailles, où la Cour se fixera en 1682, **le Roi-Soleil** fait appel aux plus grands talents pour réaliser une œuvre à la mesure de la majesté royale : les architectes Le Vau

Le roi et ses favorites

Louis XIV est, de tous les rois de France, celui qui eut le plus grand nombre de maîtresses et de favorites. On en recense près d'une trentaine. Parmi les plus connues figurent Olympe Mancini, la nièce de Mazarin (1655), la duchesse de La Vallière (1661-1667), la **marquise de Montespan** (1667-1679), qui eut elle-même pour rivale la duchesse de Fontanges (1679-1681).

Veuve du poète Scarron, devenue gouvernante des bâtards royaux en 1669, **Madame de Maintenon** est la femme qui exerça sur le roi le plus fort ascendant en le ramenant à ses devoirs de chrétien et en le poussant à durcir sa politique antiprotestante. Louis XIV l'épousa secrètement en 1683 – après la mort de la reine Marie-Thérèse. L'austérité qui s'imposa à la cour de Versailles avec Mme de Maintenon s'étendit à la mode vestimentaire et aux coiffures.

et Hardouin-Mansart, le paysagiste Le Nôtre, le peintre Le Brun, le sculpteur Coyzevox. Tout en imposant aux courtisans une stricte étiquette, le roi songe aussi à leurs divertissements : il pensionne de grands hommes de plume, tels que Molière, Racine, Boileau, et le musicien Lully, qui fait triompher le ballet (dont Louis XIV est fervent) et l'opéra à la française.

⚜ **La puissance et la gloire** Grâce à Louvois, Louis XIV dispose de l'armée la plus puissante d'Europe depuis l'Empire romain. Les guerres incessantes qui marquent son règne ont des causes multiples : la recherche du prestige international, le renforcement des frontières, la défense du catholicisme, les prétentions du roi à la Couronne d'Espagne.

> « *Non seulement il s'est fait de grandes choses sous son règne, mais c'est lui qui les faisait.* »
>
> Voltaire, *le Siècle de Louis XIV*.

Dès 1667, Louis XIV rompt avec l'Espagne, qui, à l'issue de la guerre de Dévolution (1667-1668), doit lui céder douze places fortes de Flandre (dont Lille). Au terme de la guerre de Hollande (1672-1679), conclue par les avantageux traités de Nimègue, il élargit ses conquêtes en Flandre et dans le Hainaut, puis acquiert la Franche-Comté.

Cette suite de guerres a épuisé la France. Les dernières années du règne de Louis XIV sont marquées par la menace d'une banqueroute et par la misère accrue du peuple. Le roi s'éteint à l'âge de 77 ans, des suites d'une gangrène à la jambe. Sa longévité l'a privé de plusieurs héritiers. C'est un arrière-petit-fils qui lui succédera sous le nom de Louis XV.

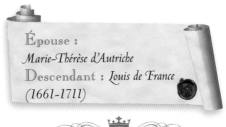

Épouse :
Marie-Thérèse d'Autriche
Descendant : Louis de France
(1661-1711)

LOUIS XV
le Bien-Aimé

Versailles 15 février 1710 - id. 10 mai 1774

Commencé dans la dévotion populaire, le règne de Louis XV s'acheva dans la plus grande impopularité, due au fossé qui s'était creusé entre la monarchie et la nation. Il en reste toutefois une brillante époque durant laquelle s'épanouit l'esprit philosophique.

⚜ La régence du duc d'Orléans Troisième fils de Louis, duc de Bourgogne, et de Marie-Adélaïde de Savoie, le futur Louis XV porte le titre de duc d'Anjou, puis celui de Dauphin à la mort de son frère aîné, Louis (1712). Il a 5 ans lorsqu'il succède à son arrière-grand-père Louis XIV. Pendant sa minorité (1715-1723), Philippe, duc d'Orléans, neveu du Roi-Soleil, exerce la régence.

Sacré à Reims en 1722 et proclamé majeur

en 1723, Louis XV laisse gouverner le duc d'Orléans, Premier ministre d'août 1723 à sa mort, en décembre. Sur les conseils du cardinal de Fleury, il le remplace par le duc de Bourbon, prince de Condé. Ce dernier, qui se soucie aussitôt de la postérité du roi, renonce à lui faire épouser l'infante d'Espagne – âgée de 3 ans seulement – et lui choisit Marie Leszczynska, la fille de Stanislas Ier Leszczynski, roi de Pologne en titre ; dix enfants naîtront de cette union, dont sept survivront : le Dauphin Louis, père de Louis XVI, et six filles.

⚜ Le gouvernement de Fleury Après avoir exilé le duc de Bourbon en 1726, Louis XV fait appel au cardinal de Fleury, qui reste au

Épouse : Marie Leszczynska
Descendants : Dix enfants dont sept survivront : le Dauphin Louis de France (1729-1765) et six filles

pouvoir jusqu'à sa mort, en 1743. Les finances sont assainies et les activités économiques développées, bien que la réglementation étatique, remontant à l'époque de Colbert, freine le développement industriel.

À l'extérieur, Fleury conduit une politique de paix, fondée sur l'alliance anglaise et sur la réconciliation franco-espagnole. Mais Louis XV, pour soutenir son beau-père Stanislas Leszczynski, intervient dans la guerre de la Succession de Pologne (1733-1738). La paix de Vienne, par laquelle elle se conclut, assure à la France la possession de la Lorraine à la mort de Stanislas. Comme Louis XIV, Louis XV est alors l'arbitre de l'Europe. Son prestige se renforce aussi en Orient, où se confirme la prépondérance du commerce français au Levant.

❧ **Le gouvernement du roi** À la mort de Fleury, Louis XV décide de gouverner sans Premier ministre. Il reçoit alors le surnom de « Bien-Aimé ». Mais, à partir de 1745, il subit l'influence de **la marquise de Pompadour**, maîtresse « déclarée » du roi et chef du « parti philosophique », qui fait et défait les ministres et préconise une politique de réformes. Sur ses conseils, Louis XV soutient la politique d'équité fiscale de Machault d'Arnouville, qui crée l'impôt du vingtième sur tous les revenus (1749) ; mais, dès 1751, il doit reculer devant les violentes protestations des privilégiés au sein des états provinciaux, de l'assemblée du clergé et du parlement.

Le mécontentement grandit contre l'incapacité politique du roi et le gaspillage de la cour, stigmatisés par une violente campagne de libelles qui inspire peut-être **l'attentat de Damiens** (5 janvier 1757).

⚜ **La réaction absolutiste** En 1771, Louis XV confie le gouvernement à un triumvirat formé par le duc d'Aiguillon, l'abbé Terray et le chancelier Maupeou. Soutenu par ce dernier, le roi se décide à un « coup de majesté » : tandis que 130 magistrats sont exilés, les autres deviennent des fonctionnaires payés par l'État, et le parlement de Paris est supprimé.

Cette « révolution » judiciaire, qui est aussi politique (élimination de l'opposition parlementaire) et sociale (disparition de la noblesse de robe), permet à l'abbé Terray de procéder à des réformes financières (le vingtième devient un impôt frappant tous les revenus) et de réduire le

« *Les Vertus sont à pied et le Vice à cheval !* »

Inscription gravée sur le socle de la statue équestre de Louis XV, place de la Concorde à Paris.

Le roi et les lumières

C'est sous le règne de Louis XV que se produisit une révolution des mentalités qui aboutit à remettre en cause l'Ancien Régime au profit de valeurs nouvelles, telles que l'individualisme, la tolérance, la liberté, la croyance au progrès, la séparation des pouvoirs, l'égalité des hommes et la souveraineté du peuple. Au regard de l'histoire des idées, les grandes dates du règne furent celles de la publication d'ouvrages fondateurs : **De l'esprit des lois** (1748), de Montesquieu, l'**Encyclopédie** (1751-1772) dirigée par Diderot, **Du contrat social** (1762), de Rousseau. Louis XV lui-même fut un esprit curieux et ouvert, un lecteur assidu et éclectique. Passionné de sciences et de techniques, il favorisa la création de chaires de physique (1769) et de mécanique (1773) au Collège de France.

déficit. Mais Louis XV ne survit pas longtemps à cet acte d'autorité qui sauve le régime en 1771 ; trois ans plus tard, il succombe à la petite vérole.

LOUIS XVI

Versailles 23 août 1754 -
Paris 21 janvier 1793

Attaché à la tradition absolutiste des Bourbons à un moment où se préparaient les événements de la Révolution française, Louis XVI fut le seul roi de France exécuté après être passé en jugement. Avec lui disparut la société d'Ancien Régime.

⚜ **Les velléités de réformes** Fils du Dauphin Louis et de Marie-Josèphe de Saxe, petit-fils de Louis XV, le futur Louis XVI épouse en 1770 l'archiduchesse **Marie-Antoinette**, afin de rapprocher la France de l'Autriche. De cette union naîtront quatre enfants, dont Louis, premier Dauphin, et le duc de Normandie, le futur Louis XVII. Monté sur le trône en 1774, Louis XVI marque sa volonté

de rupture avec le règne précédent en choisissant comme ministre d'État le comte de Maurepas, disgracié par Louis XV en 1749. La même année, le roi renvoie Maupeou et l'abbé Terray, puis rappelle les parlements, qui restaurent le pouvoir de la noblesse. Conseillé par Maurepas, il choisit comme ministres des hommes de talent : Turgot, Vergennes, Malesherbes, le comte de Saint-Germain. Mais, cédant à la pression des privilégiés qui s'inquiètent des mesures prises par **Turgot** (économies budgétaires, impôt sur les propriétaires fonciers), il abandonne ce dernier dès 1776 et le remplace par **Necker**, qu'il renvoie à son tour en 1781, après la publication du *Compte rendu au roi sur l'état des finances et le gaspillage de la cour*.

Si la politique extérieure restaure le prestige du royaume, à l'intérieur, l'opposition des notables ne désarme pas. En juin 1788, des

> « On ne gouverne jamais une
> nation contre ses habitudes. »
>
> Louis XVI.

émeutes soutenues par l'aristocratie éclatent afin de soutenir les parlements privés d'une partie de leurs pouvoirs. La crise du Trésor conduit le roi à annoncer, en août 1788, la convocation des **États généraux** pour le 1er mai 1789. Ce même mois, Necker fait son retour au gouvernement ; il rétablit aussitôt les prérogatives des parlements.

⚜ L'ébauche de monarchie constitutionnelle

S'appuyant sur la fraction la plus conservatrice de l'aristocratie, Louis XVI tente de résister aux initiatives du **tiers état** : il casse sa décision de se proclamer Assemblée nationale (23 juin 1789) ; il concentre des troupes autour de Paris (24 juin) ; il démet Necker et appelle le baron de Breteuil (12 juillet). Après la **prise de la Bastille**, le 14 juillet

1789, le roi se cantonne dans la résistance passive en refusant de sanctionner les décrets de l'Assemblée constituante (11 août). Ramené de force à Paris après la marche sur Versailles (journées des 5-6 octobre), il n'abandonne pas l'espoir de se voir rétabli dans la plénitude de son pouvoir. Devenu de

Insouciante, frivole et capricieuse ?

Mariée à 14 ans à Louis XVI, qui lui-même en avait 15, **Marie-Antoinette** déchaîna les passions tant de ses accusateurs que de ses défenseurs. À Versailles, Marie-Antoinette mena une existence qui, rétrospectivement, peut passer pour celle d'une souveraine insouciante dans une époque troublée. Elle s'était entourée d'un cercle d'intimes, qu'elle comblait de faveurs – tel le comte de Fersen, Elle avait aussi fait construire le Hameau, dans le jardin du Petit Trianon : elle y possédait sa maison de campagne et aimait jouer à la fermière avec ses enfants.

facto monarque constitutionnel, il ne se sent toutefois pas lié par le serment de fidélité prêté à la nation et à la Constitution lors de la fête de la Fédération (14 juillet 1790). Troublé dans sa conscience par le vote de la Constitution civile du clergé, il reçoit l'appui du pape Pie VI, qui condamne les principes mêmes de la **Révolution française** (10 mars 1791).

Surtout, Louis XVI place son espoir dans une intervention étrangère. Dès novembre 1789, il a pris contact avec Vienne. Mais la fuite de la famille royale, décidée à la fin de l'année 1790, s'arrête à Varennes (20-21 juin 1791). Le roi perd alors toute popularité. Suspendu, puis rétabli dans ses fonctions de monarque constitutionnel par l'Assemblée constituante. Désormais, Louis XVI n'est plus « roi de France par la grâce de Dieu », mais « roi des Français, par la grâce de Dieu et la Constitution de l'État ».

❧ La déchéance et l'exécution du roi

En appliquant son veto suspensif pour freiner la Révolution,

Louis XVI ne fait qu'aggraver le mécontentement. Le 10 août 1792, les sections parisiennes de la Commune déclenchent une insurrection et s'emparent des Tuileries. Réfugié à l'Assemblée, Louis XVI est suspendu puis incarcéré au Temple (13 août). Le 21 septembre, un décret de la Convention nationale abolit la royauté et, le 22, la **république** est proclamée. Le 3 décembre, la Convention déclare que « Louis XVI sera jugé et jugé par elle ».

Lors de son procès, le roi est accusé de conspiration contre la liberté publique et contre la sûreté générale de l'État. Sa culpabilité est votée à la quasi-unanimité, et la peine de mort est prononcée par 387 voix contre 334. Louis XVI est guillotiné le 21 janvier.

Épouse : *Marie-Antoinette d'Autriche*
Descendants : *Quatre enfants, dont Louis, premier dauphin, et le futur Louis XVII*

LOUIS-PHILIPPE IER

Paris 6 octobre 1773 -
Claremont, Grande-Bretagne, 26 août 1850

Arrivé sur le trône grâce la révolution de juillet 1830, Louis-Philippe en fut chassé par celle de février 1848. Oubliant ses sympathies libérales, il s'était rangé du côté des ultraconservateurs, sans prendre la mesure de la volonté de réforme dont était porteur le mouvement républicain.

⚜ Le favori des opposants libéraux Fils aîné de Louis-Philippe d'Orléans, dit Philippe Égalité, et de Louise-Marie de Bourbon-Penthièvre, le duc de Chartres grandit dans un milieu cosmopolite gagné aux idées libérales. Membre du club des Jacobins, il prend part aux batailles de Valmy et de Jemmapes (1792), puis se réfugie en Suisse (1793),

où il occupe un modeste emploi de professeur, et à Hambourg (1795). En 1809, il épouse à Palerme Marie-Amélie, fille de Ferdinand Ier, roi des Deux-Siciles, et se fixe alors en Sicile (1810-1814).

Le 17 mai 1814, Louis-Philippe – duc d'Orléans depuis 1793 – rentre à Paris avec Louis XVIII. Durant la **Restauration**, sa résidence du Palais-Royal devient le point de ralliement de la bourgeoisie libérale.

❧ Le souverain de la monarchie de Juillet

Quand éclate la révolution de juillet 1830, le duc d'Orléans apparaît à la bourgeoisie d'affaires comme le seul homme capable d'éviter l'instauration de la république. Le 31 juillet, Louis-Philippe se fait proclamer lieutenant général du royaume par les députés libéraux et, le 9 août 1830, après l'abdication de Charles X, il prête serment à la Charte révisée qui lui confère le titre de roi des Français.

Le roi des français

En trois journées – les 27, 28 et 29 juillet 1830 –, restées dans l'histoire sous le nom des **« Trois Glorieuses »**, le peuple de Paris mit fin au règne de Charles X. Pour éviter la république, qu'ils assimilaient au désordre et à la guerre, les députés et les pairs se rallièrent à la candidature du duc d'Orléans. Le 31 juillet au matin, manifestant un grand sens de la diplomatie, le duc d'Orléans se rendit à l'Hôtel de Ville pour y recevoir l'investiture populaire ; au balcon, La Fayette et lui se donnèrent l'accolade. Le 9 août, Louis-Philippe accepta la Charte promulguée par Louis XVIII et révisée par la Chambre ; il prit le titre de roi des Français et substitua au drapeau blanc le drapeau tricolore comme emblème de la nation.

Malgré le caractère parlementaire de la monarchie de Juillet, Louis-Philippe s'efforce d'imposer un pouvoir personnel, prenant le contre-pied de la doc-

trine de Thiers qui déclare : « Le roi règne mais ne gouverne pas. » Il s'en remet tout d'abord aux représentants du parti du Mouvement (1831-1832) – c'est-à-dire aux libéraux favorables aux réformes –, mais préfère ensuite s'appuyer sur le parti de la Résistance, défenseur de l'ordre établi, et sur son chef, Casimir Perier. La mort de ce dernier, en mai 1832, ouvre une période de troubles politiques.

« Chef de la bourgeoisie, il poussa celle-ci sur la pente naturelle qu'elle n'avait que trop de penchant à suivre. Ils marièrent leurs vices en famille et cette union, qui fit d'abord la force de l'un, acheva la démoralisation de l'autre et finit par les perdre tous les deux. »

Alexis de Tocqueville, *Souvenirs*.

⚜ **L'ère Guizot** Pas moins de dix ministères se succèdent, dont ceux du comte Molé (1836-1839) et de Thiers (1840). Louis-Philippe, reprochant à ce dernier de conduire la France à la guerre avec la Grande-Bretagne, le remplace par Guizot, qui devient pour huit ans l'homme fort du pays.

Guizot s'appuie sur la haute bourgeoisie, favorisée par le suffrage censitaire et par l'essor de la grande industrie, du crédit et du commerce. C'est aussi l'époque de la conquête générale de l'Algérie. Soutenant cette politique ultraconservatrice, Louis-Philippe laisse se creuser le fossé entre la monarchie et la population. Il croit encore à la pérennité de sa dynastie – malgré la mort du duc d'Orléans, l'héritier au trône (1842). Le 23 février 1848, enfin, il se décide à sacrifier Guizot, mais il est trop tard pour enrayer le mouvement révolutionnaire : le 24 février, le roi abdique en faveur de son petit-fils, le comte de Paris, avant que les insurgés, le lendemain, ne proclament la IIème République.

Légendes et crédits photographiques

1ère de couv. • Louis IX ou Saint Louis, roi de France – vitrail, 1880 – Donnemarie-Dontilly (Seine et Marne), Église de la Nativité – akg-images

Pages de gardes • Chroniques de Saint-Denis. Couronnement de Philippe-Auguste dans la cathédrale de Reims – Jean Foucquet – BNF, Paris – Ph. Coll. Archives Larbor

Page de titre • Armes de France – miniature extraite du «Livre de l'information des princes et des rois » de Gilles de Rome – 1379 – BNF, Paris – Ph. Coll. Archives Larousse

Sommaire • Missel de la Sainte-Chapelle. Les armes de France portées par deux anges – BNF, Paris – Ph. Coll. Archives Nathan

9 • Charles VII – BNF, Paris – Ph. Coll. Archives Larbor

11 • Clovis, roi des Francs – François-Louis Dejuinne – 1835 – Versailles, châteaux de Versailles et de Trianon - © RMN (Château de Versailles)/ Gérard Blot

18 • Portrait de Charlemagne, Roi de France – Miniature de 1415 – British Library - © Heritage Images/Leemage

23 • Siège et prise de Tours par Philippe Auguste, 1189 – BNF, Paris – Ph. Coll. Archives Nathan

29 • Le Livre des faiz Monseigneur saint Louis. Saint Louis lave les pieds des pauvres – BNF, Paris – Ph. Coll. Archives Larbor

35 • Deux seigneurs se présentent à Philippe IV le Bel devant sa cour – 1306 – BNF, Paris – Ph. Coll. Archives Larbor

39 • Louis XI, roi de France – Château de Plessis-les-Tours – Ph. J.J. Moreau © Archives Larbor

46 • François Ier, roi de France – Jean Clouet – 1535 – Musée du Louvre, Paris – Ph. Hubert Josse © Archives Larbor

53 • Portrait équestre d'Henri IV, roi de France – École française du XVIe siècle – Musée Condé, Chantilly – Ph. L. Joubert © Archives Larbor

60 • La Réception par Louis XIII de Henri II duc de Longueville dans l'ordre du Saint-Esprit – Philippe de Champaigne ou Champagne – Musée des Augustins, Toulouse - © Archives Larbor

67 • Louis XIV – Rigaud Hyacinthe – 1701 – Musée du Louvre, Paris – Ph. © Archives Larbor

74 • Louis XV, roi de France – Maurice Quentin de La Tour – Musée du Louvre, Paris – Ph. © Archives Larbor

81 • Portrait de Louis XVI en habit de sacre – Joseph Siffred Duplessis – Musée Carnavalet, Paris - © Archives Larbor

89 • Louis-Philippe Ier jure d'observer la Charte, 9 août 1830 – Ph. © Archives Nathan

Imprimé en Espagne par Unigraf s.l.

Dépôt légal : février 2011

306469-02/11017298-octobre 2011